OBJETS D'ART

DE BEL AMEUBLEMENT ANCIEN

TAPISSERIES

TABLEAU par E. ISABEY

Provenant de la Collection de Mad⁰ Abiel

PARIS
HOTEL DROUOT, Salles 9 et 10
Le Lundi 30 Juin 1919

OBJETS D'ART
DE BEL AMEUBLEMENT ANCIEN

TAPISSERIES

TABLEAU PAR E. ISABEY

CONDITIONS DE LA VENTE

Elle sera faite au comptant.

Les acquéreurs payeront **17 fr. 50 pour cent** en sus des enchères.

CATALOGUE

DES

OBJETS D'ART

ET DE BEL AMEUBLEMENT ANCIEN

Porcelaines de Chine

BRONZES D'AMEUBLEMENT — PENDULES

MEUBLES

TAPISSERIES ANCIENNES

D'AUBUSSON, BEAUVAIS, FLANDRES

Tapisserie de Beauvais d'après BOUCHER

IMPORTANT AMEUBLEMENT DE SALON
COUVERT EN ANCIENNE TAPISSERIE

TABLEAU par E. ISABEY

Provenant de la Collection de Mad^e C...

DONT LA VENTE AUX ENCHÈRES PUBLIQUES

aura lieu à Paris

HOTEL DROUOT, Salles N°s 9 & 10 réunies

Le Lundi 30 Juin 1919, à trois heures.

COMMISSAIRE-PRISEUR

Me F. LAIR-DUBREUIL
6, rue Favart, 6

EXPERTS

Pour le Tableau :	Pour les Objets d'Art :	
M. GEORGES PETIT	**M. M. PAULME**	**M. G. B.-LASQUIN**
8, rue de Sèze, 8	10, rue Chauchat, 10	11, rue Grange-Batelière, 11

EXPOSITIONS

PARTICULIÈRE : *Le Samedi 28 Juin 1919, de 2 heures à 6 heures.*
PUBLIQUE : *Le Dimanche 29 Juin 1919, de 2 heures à 6 heures.*

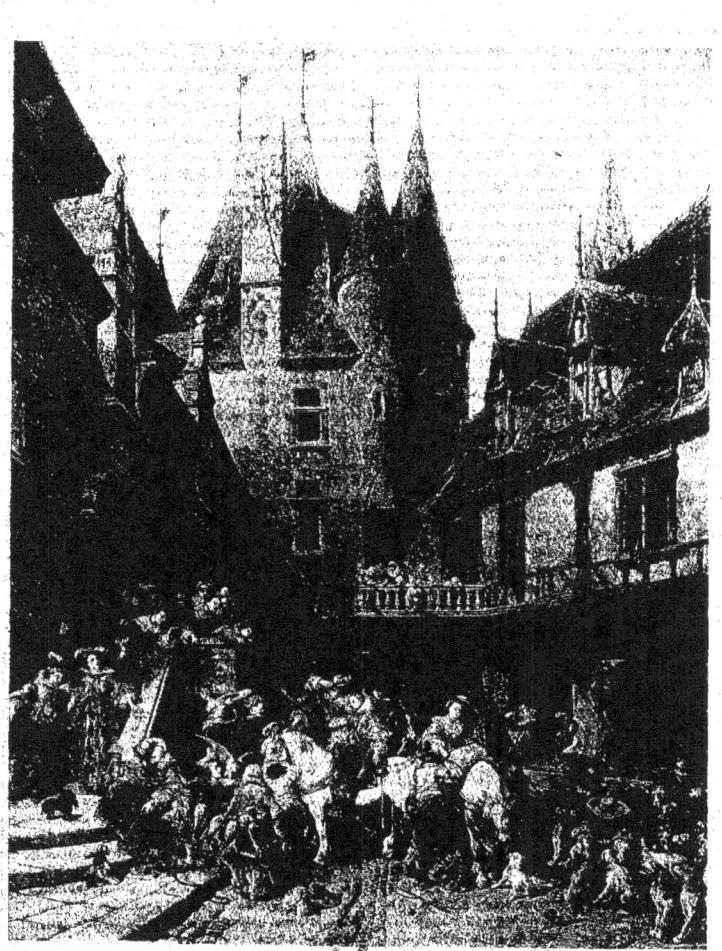

TABLEAU

ISABEY
(LOUIS-GABRIEL-EUGÈNE)

1

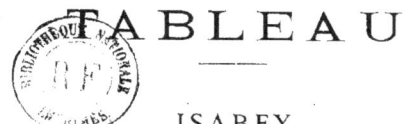

Une cour de château grouillant de personnages.

A gauche, des seigneurs et des nobles dames aux somptueux costumes occupent le perron et les degrés d'un monumental escalier de pierre et font des signes d'adieux aux chasseurs qui se livrent aux derniers préparatifs du départ.

Quelques-uns d'entre eux, hommes et femmes, ont déjà pris place sur leurs chevaux que des laquais affairés achèvent de harnacher.

Un groupe de fauconniers, portant leurs oiseaux encapuchonnés de rouge, attendent le signal du départ, tandis que, à gauche, des valets maintiennent la meute ardente.

D'autres personnages, dont un enfant appuyé sur la balustrade, regardent la scène du haut d'un balcon.

Sur les toits, aux pignons élancés, un colombier donne asile à des nuées de pigeons.

Remarquable tableau, pittoresque et animé, de la plus belle qualité du maître.

Signé à gauche, en bas : *E. Isabey*, et daté : *1855*.

Bois. Haut., 1 m. 62; larg., 1 m. 21.

Exposition Universelle de 1855.

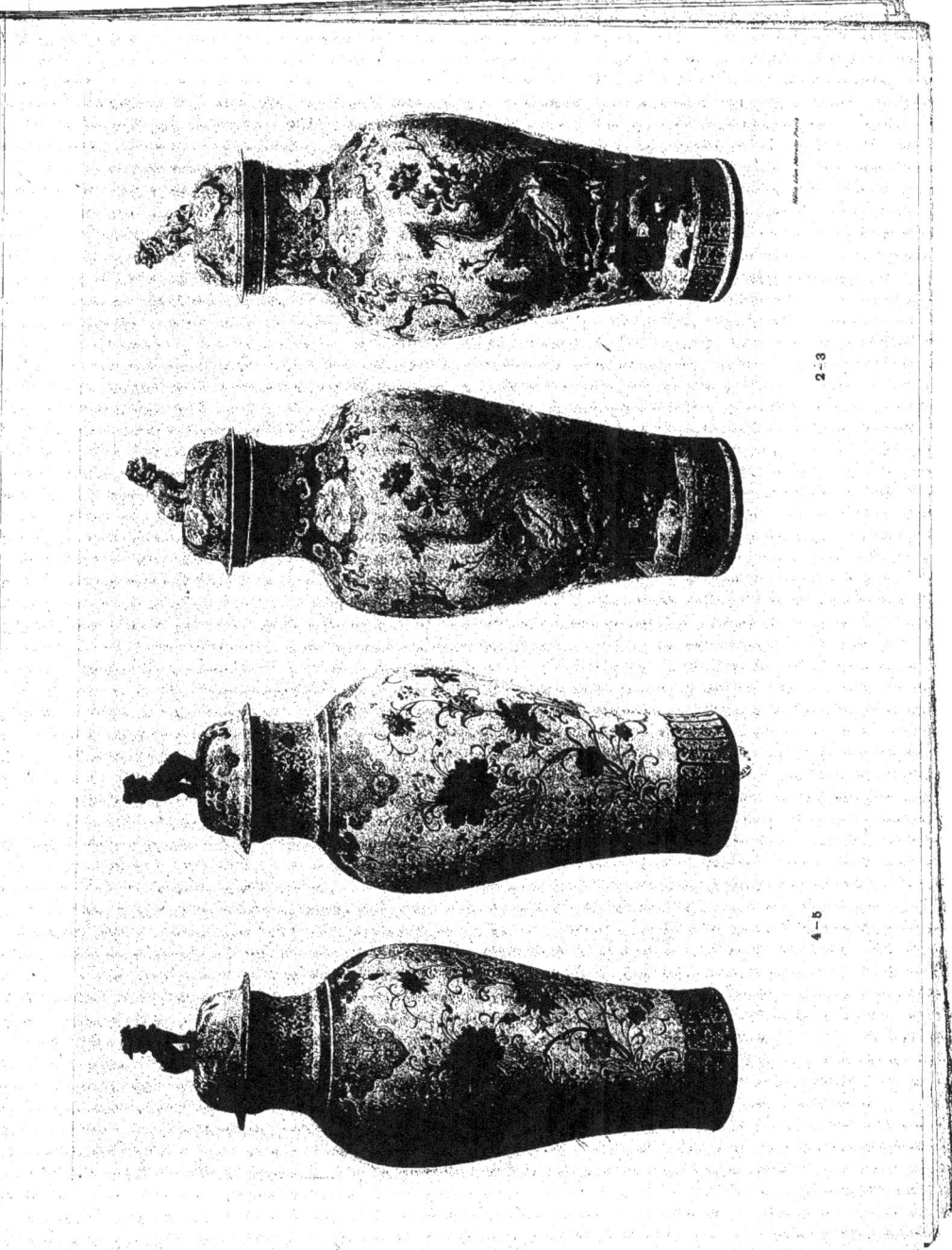

Objets d'Art et d'Ameublement

GRANDES POTICHES
EN ANCIENNE PORCELAINE DE CHINE

2-3 — QUATRE TRÈS GRANDES POTICHES avec couvercles, de forme balustre, en ancienne porcelaine de Chine, de la période Kien-lung; elles sont décorées en émaux de couleur présentant de grands oiseaux sur des rochers, des arbustes fleuris. La chute et le col sont ornés d'un large lambrequin à fonds multicolores avec médaillons réservés chargés de petits vases et ustensiles divers.

Haut., environ 1 m. 35.

Socles en bois sculpté, peint et doré.

(Ce lot pourra être divisé.)

4-5 — Trois très grandes potiches avec couvercles, en ancienne porcelaine de Chine, de la période Kien-lung. Décor en couleur et dorure présentant de gros branchages fleuris. Le col est orné d'une frise à rinceaux de chrysanthèmes stylisés; la chute, d'une petite bordure et d'un large lambrequin à fond vermiculé et petit feuillage réservé sur fond rouge.

Haut., environ 1 m. 35.

Socles en bois peint et doré.

(Ce lot pourra être divisé.)

PENDULES & CANDÉLABRES
BAROMÈTRE

6 — Grande pendule-cartel en bronze ciselé et doré, de forme contournée, à décor de feuillage, laurier, piastres, etc. Elle est couronnée d'un vase et la base est faite d'un culot feuillagé. Fin de l'époque Louis XV.

Haut., 96 cent.

7 — Grande pendule en bronze ciselé et doré, sur socle mouluré de marbre blanc. Le mouvement, dont le cadran est marqué *Robin, à Paris,* est placé entre une figure de femme debout et drapée tenant une couronne de laurier, et un amour debout écrivant sur un feuillet disposé sur une table. Époque Louis XVI.

Haut., 52 cent.

Voir la reproduction.

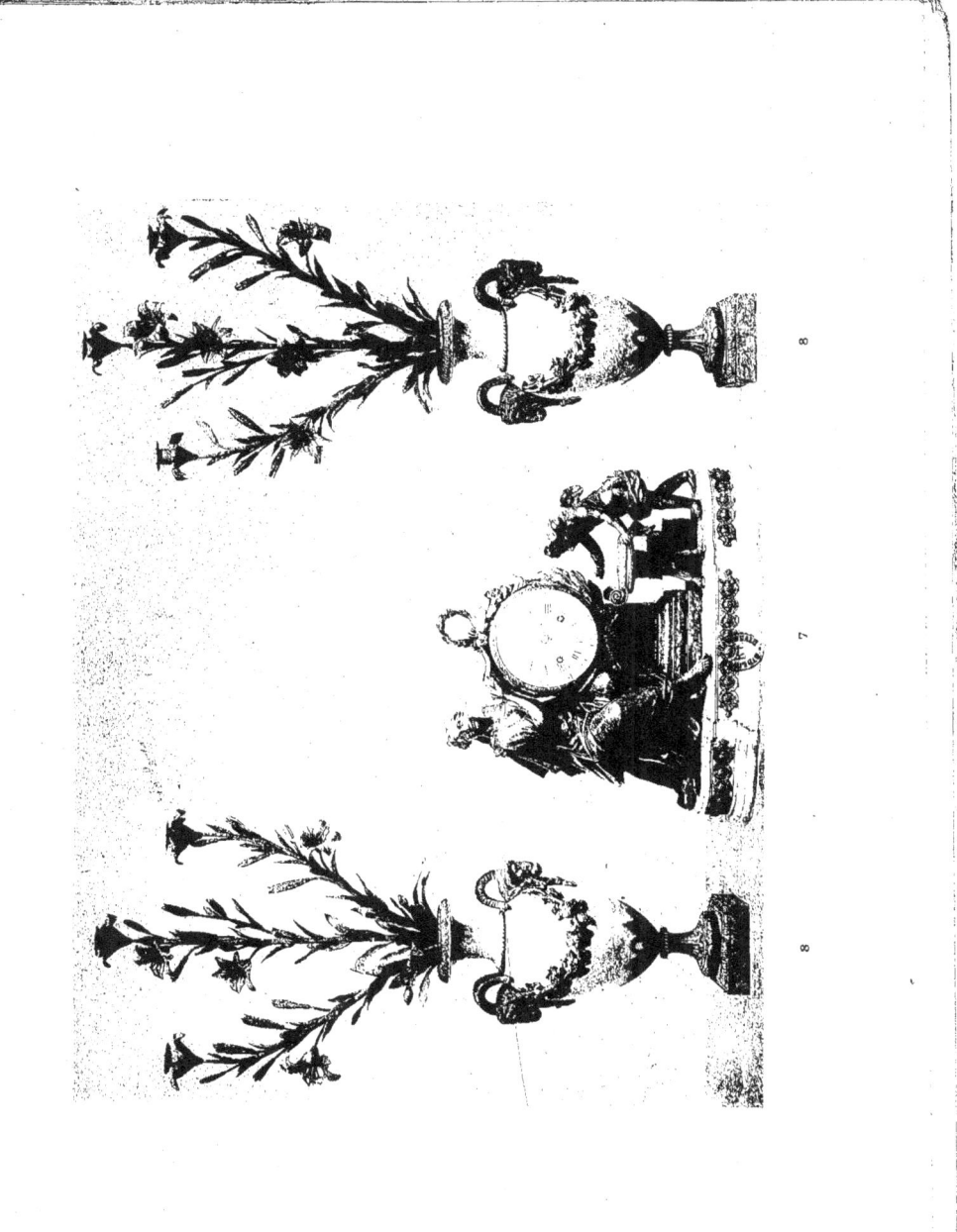

8 — **Paire de grands candélabres** à trois lumières, formés chacun d'un vase en marbre blanc, à deux têtes de boucs formant anses, réunies par une guirlande de vigne. Les bouquets sont faits de fleurs de lis ouvertes formant porte-lumières. Bases piédouches en bronze mouluré et orné. Époque Louis XVI.

Voir la reproduction.

Haut., 1 m. 10.

9 — **Pendule-cage** en bronze finement ciselé et doré et marbre blanc. La lunette s'inscrit dans la face principale avec fleurons aux angles supérieurs, et guirlande de draperie à la base. Le cadran, indiquant avec les heures et les minutes, les quantièmes, jours, mois et phases de la lune, est décoré de petits émaux de couleur présentant les signes du zodiaque, dans la manière de *Coteau*. Base moulurée à petites feuilles et torsade de laurier. Amortissement supérieur et contresocle en marbre blanc. Époque Louis XVI.

Haut., 49 cent.

10 — **Pendule** en marbre blanc mouluré et bronze ciselé et doré. Le mouvement se trouve au-dessus d'un pilastre cantonné de deux statuettes de femmes drapées portant chacune une corne d'abondance ; à droite et à gauche se trouvent des cassolettes et, au centre du contresocle, dans un médaillon, se voit un coq. Fin du XVIIIe siècle. Cadran émaillé marqué *Ridel, à Paris*.

Haut., 51 cent.

11 — BAROMÈTRE à cadran, dans un cadre ovale en bois mouluré, sculpté et doré, ornementé extérieurement des attributs de l'Amour, de branches de laurier et d'un nœud de ruban. Marqué : *Sormany, à Paris*. Époque Louis XVI.

Haut., 1 m. 15.

MEUBLES ANCIENS

12 — GRANDE CONSOLE rectangulaire à quatre pieds carrés, en gaines, réunis par un croisillon, en bois sculpté redoré. Décor de frise de postes sur la ceinture, avec mascaron d'homme barbu accompagné, au centre de la face principale, de deux guirlandes de fleurs ; palmette au centre des faces latérales. Dessus de marbre. Époque Louis XIV.

Long., 1 m. 82.

13 — TABLE A COIFFER de forme contournée, offrant sur le dessus un miroir mobile placé entre deux compartiments s'ouvrant à abattant, et présentant tablette et tiroirs. Elle est en marqueterie de bois de placage avec filets. Époque Louis XV.

Larg., 93 cent.

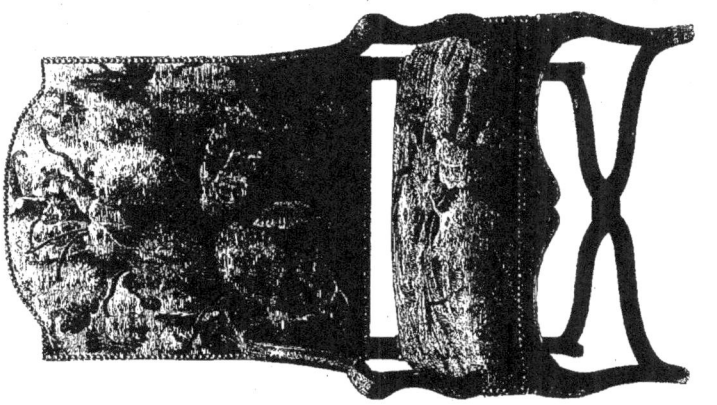
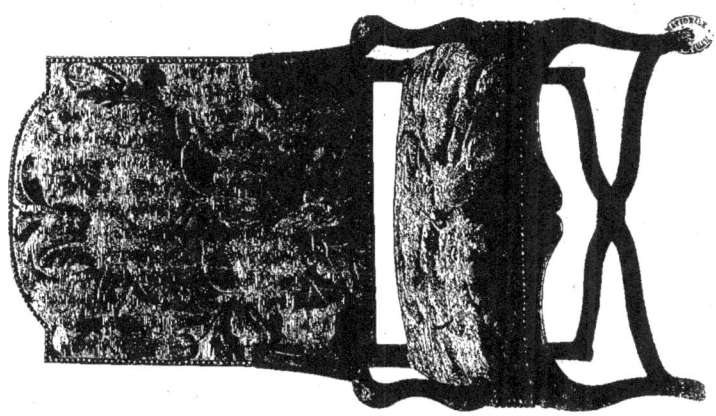

14 — Console de forme contournée, en bois sculpté doré, à quatre pieds réunis vers la base par une entrejambes, ornée en son centre d'un trophée d'attributs scientifiques. L'ornementation se compose de feuillage, laurier, fleurons, volutes, etc. Dessus de marbre brèche d'Alep. Époque Louis XV.

Larg., 1 m. 45.

15 — Commode à deux tiroirs, haute sur pieds cambrés, avec partie centrale saillante sur le devant, en marqueterie de bois clair, présentant sur toutes ses faces un quadrillé avec petite rosace au centre de chaque losange. Époque fin Louis XV. Garniture de bronzes et tablette de marbre brèche d'Alep.

Larg., 1 m. 25.

16 — Commode à deux rangées de tiroirs, haute sur pieds cambrés, avec ressaut central, en marqueterie de bois de couleur et ivoire teinté. Elle présente, sur la face, un paysage avec architectures et personnages, placé entre deux chutes d'attributs. Sur les côtés : vases de fleurs. Estampille de *C. H. Malle*. Dessus de marbre blanc. Fin de l'époque Louis XV.

Larg., 1 m. 28.

17 — SECRÉTAIRE de forme droite, à abattant placé sous un tiroir et au-dessus de deux portes, en marqueterie de bois de placage, à losanges dans des encadrements à filets et coins à grecques. Au centre de l'abattant est un médaillon ovale, présentant un trophée d'instruments et attributs de musique. Dessus de marbre. Époque Louis XVI.

Haut., 1 m. 42.

18 — CONSOLE rectangulaire à quatre pieds fuselés et cannelés, en gaines, couronnés de chapiteaux d'ordre ionique, en bois sculpté et peint gris. La ceinture, à entrelacs de piastres, est ornée de guirlandes de laurier. Dessus de marbre brèche violette. En partie de l'époque Louis XVI.

Larg., 1 m. 48.

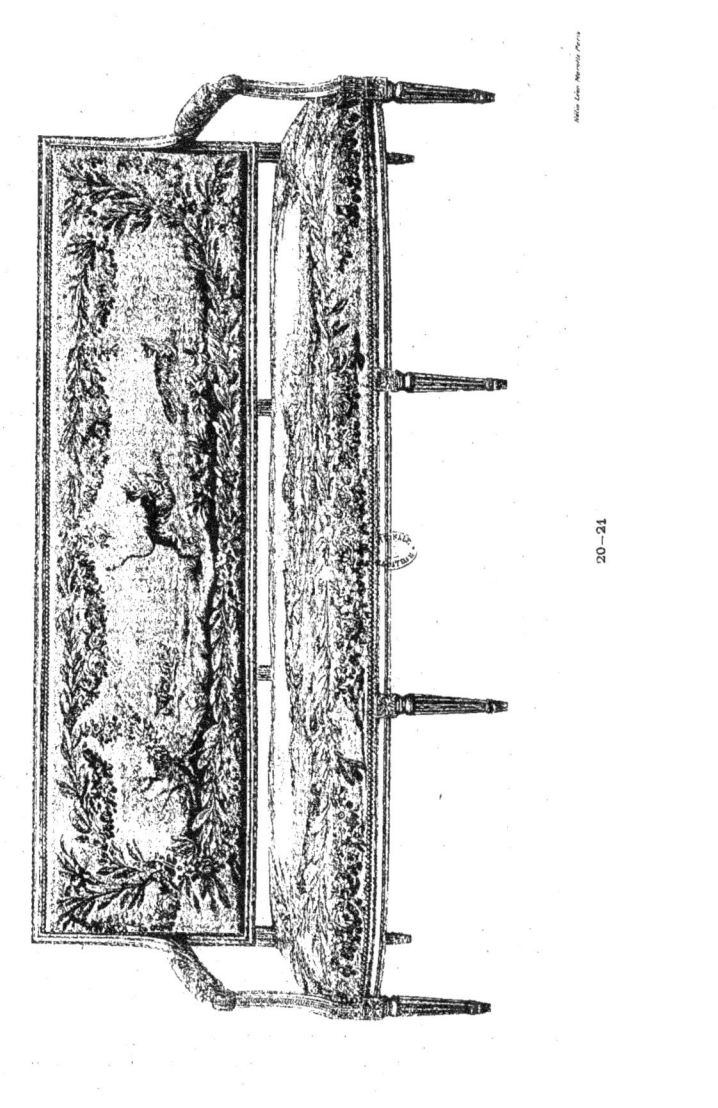

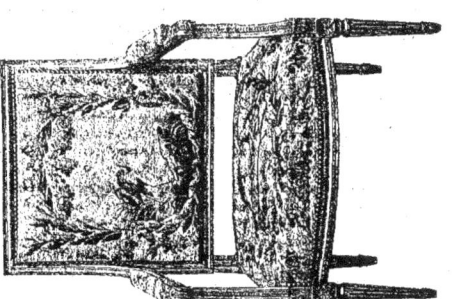
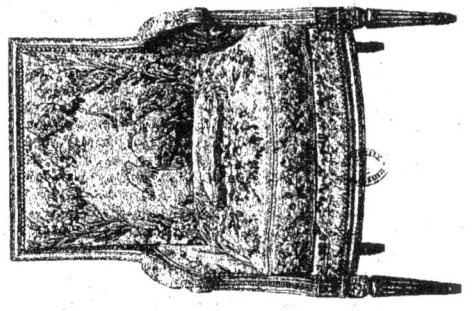
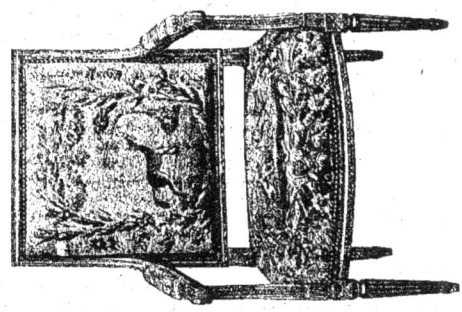

AMEUBLEMENT DE SALON
ET SIÈGES EN ANCIENNE TAPISSERIE

19 — Six grands fauteuils en bois sculpté ciré, à pieds réunis par un croisillon, recouverts, aux sièges et dossiers, d'ancienne tapisserie fine d'Aubusson ou de Paris, à gerbes de grosses fleurs. Époque Régence.

Larg. d'un fauteuil, 65 cent.

Voir la reproduction

20-21 — Très important ameublement de salon en bois sculpté redoré, comprenant : deux grands canapés, deux bergères à coussin et douze fauteuils. Il est recouvert d'ancienne tapisserie fine d'Aubusson ou Beauvais offrant, aux sièges et dossiers, des compositions, avec animaux dans des paysages, inspirées des Fables de La Fontaine. Epoque Louis XVI.

Long. des canapés, 2 m. 25.
Larg. d'une bergère, 70 cent.
Larg. d'un fauteuil, 70 cent.

Voir la reproduction.

NOTA. — Dans l'intérêt de la vente, les Commissaire-Priseur et Experts se réservent la faculté de vendre cet ameublement en deux lots, l'un comprenant : 1 canapé, 2 bergères et 6 fauteuils ; l'autre, 1 canapé et 6 fauteuils.

TAPISSERIES ANCIENNES
D'AUBUSSON, BEAUVAIS, FLANDRES

22 — TAPISSERIE de la MANUFACTURE ROYALE DE BEAUVAIS, de la tenture : *Les Amours des Dieux*, présentant :

ARIANE ET BACCHUS

Pièce n° 1 de la tenture. Milieu du XVIII° siècle.
Dans un paysage de féerie, au-devant d'un merveilleux décor d'architecture de fantaisie, portiques, ruines, fontaines, vases, termes, que des amours joufflus animent, vers la gauche, Bacchus vient de quitter son char que traînaient deux panthères, et s'est assis près d'Ariane, mollement étendue, et que parent des suivantes. A droite, un groupe de nymphes debout ou étendues à terre, improvisent un concert, tandis que, près d'elles, un personnage apporte des paniers chargés de fleurs et de fruits. Bordure formant cadre simulant le bois doré.

Haut., 3 m. 80; long., 8 mètres.

Voir la reproduction.

23 — TAPISSERIE flamande du commencement du XVIII° siècle, probablement de Bruxelles, d'après une composition de David Téniers le Jeune, présentant l'*HIVER* et offrant de nombreux villageois, disposés par groupes, occupés aux divers jeux ou travaux de cette saison.

Haut., 2 m. 95; long., 4 m. 15.

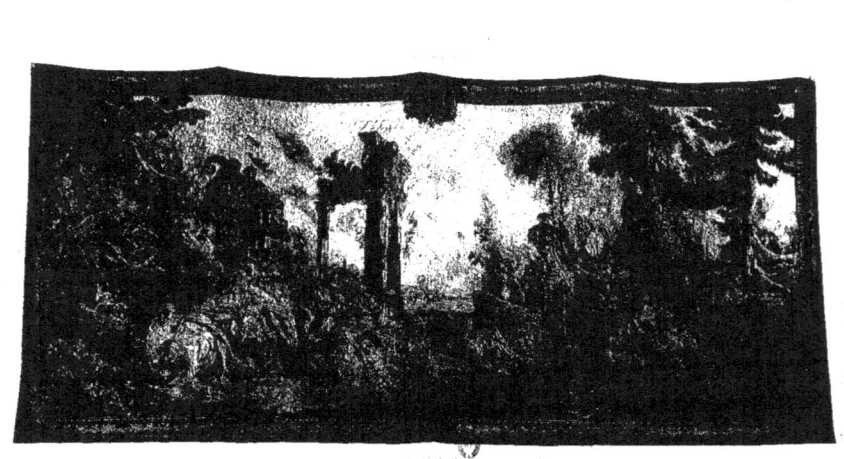

24 — Tapisserie de la même suite que la précédente et présentant une **KERMESSE**.

> Haut., 2 m. 95; long., 5 m. 30.

Voir la reproduction.

25 — Petite tapisserie de la même suite :

LA MOISSON

> Haut., 3 mètres; larg., 1 m. 30.

26 — Petite tapisserie de la même suite :

PAYSAN SE RENDANT AU MARCHÉ

> Haut., 3 mètres; larg., 85 cent.

Tenture en ancienne tapisserie flamande, du commencement du xviiie siècle, à sujets d'enfants nus jouant dans des paysages. Large bordure d'encadrement à fleurs, rinceaux de feuillages, oiseaux, bustes de femmes et têtes d'angelots.

Elle comprend quatre tapisseries :

27 — **LE CHARIOT**

> Haut., 3 m. 50; larg., 4 m. 55.

Voir la reproduction.

28 — **LE TIR A L'ARC**

> Haut., 3 m. 60; larg., 5 m. 05.

29 — **LE JEU DE BOULE**

> Haut., 3 m. 60; larg., 3 m. 15.

30 — **LA BAIGNADE**

> Haut., 3 m. 60; larg., 3 m. 30.

TAPISSERIES ANCIENNES

31-32 — Deux tapisseries d'Aubusson, du xviiie siècle, à sujets de personnages guerriers combattant. Elles sont toutes deux encadrées d'une bordure formant cadre à palmettes, nœuds de ruban avec agrafe aux angles.

Haut., 2 m. 60 et 2 m. 70; larg., 2 m. 90 et 2 m. 40.

33 — Tapisserie d'Aubusson du xviie siècle (en deux fragments réunis), à sujet de grands personnages présentant, au centre de la composition, un cavalier brandissant un glaive. Bordure à fleurs sur trois côtés.

Haut., 2 m. 35; larg., 2 m. 25.

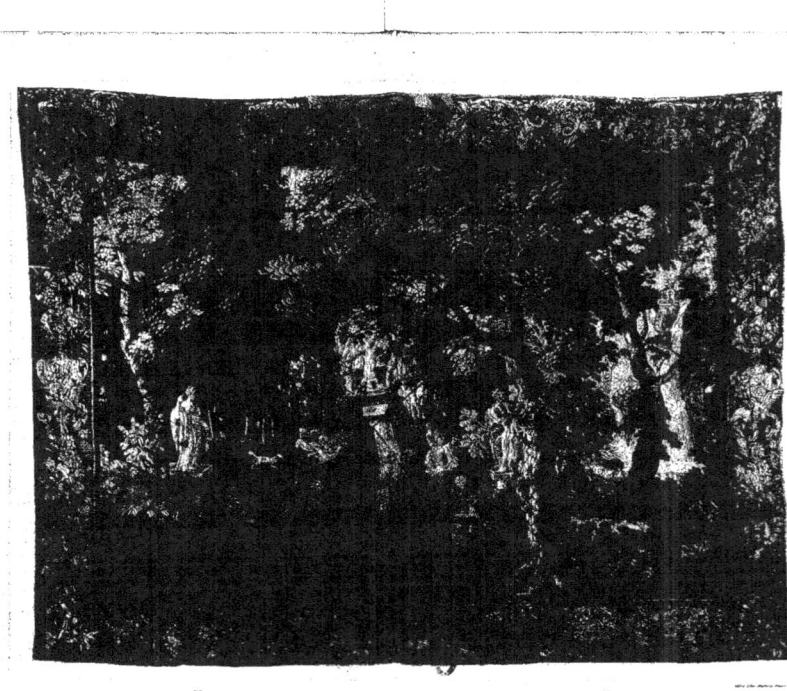

www.ingramcontent.com/pod-product-compliance
Lightning Source LLC
Chambersburg PA
CBHW071202240526
45470CB00017B/1234